AF245333

RIEN DE TROP.

<center>~~~~~~~~~</center>

PRIX, 3o CENTIMES.

PARIS,

Chez CORRÉARD, libraire, Palais-Royal, galerie de bois.

1er mai 1820.

RIEN DE TROP.

ART. 1er.

M. Fiévée aurait-il réellement abandonné les rangs des ultrà. Voilà une question que se font depuis quelques jours les hommes divisés d'opinions et de systêmes.

Les ultrà l'accusent de défection, et l'on a pu lire dans le *Journal des Débats* un article semi-officiel, dans lequel l'auteur anonyme cherchait à justifier la conduite du côté droit, et à ramener M. Fiévée dans la voie d'où il semble s'être écarté. Je ne crois pas que les raisons apportées par le publiciste des *Débats*, aient pu faire illusion à un homme d'esprit tel que M. Fiévée, qui n'avait pas besoin de l'explication qu'on lui donne pour deviner le motif de l'alliance du côté droit avec le ministère. Il n'était pas nécessaire de lui apprendre que, dans le *for intérieur*, les *royalistes* blâmaient les lois d'exception, et que s'ils avaient voté en leur faveur, ce n'était point par conviction, mais plutôt par complaisance pour le ministère qui a promis de suivre une marche tout à fait conforme aux intérêts des hommes *monarchiques*. Il le répète vingt fois dans son ouvrage, et il assure même que cette condescendance impolitique leur fait perdre l'influence morale qu'ils pouvaient exercer sur l'opinion. Il s'obstine à penser que les ultrà seront encore une fois la dupe des ministériels qui n'aiment pas mieux les *royalistes* que les *libéraux*, et qui ne flattent un parti que pour effrayer celui qui leur paraît le plus dangereux dans le moment. M. Fiévée avoue que le côté droit a donné lieu de croire, par sa conduite, durant le cours de cette session, que l'amour qu'il avait témoigné pour les libertés publiques garanties par la constitution, n'était qu'un attachement hypocrite, et qu'il pourrait fort bien s'accommoder de l'arbitraire quand il l'exploiterait à son profit. M. Fiévée a raison, et si quelques citoyens avaient pu se laisser séduire par les professions de foi que les ultrà faisaient à la Charte, ils n'ont pas dù être médiocrement surpris de voir que les mêmes hommes qui, sous un ministre déchu, se déclarèrent d'avance contre les mesures inconstitutionnelles qu'il proposait à l'adoption des chambres, se soient ouvertement prononcés en faveur de ces mêmes mesures, parce qu'elles étaient présentées par un autre ministre. Le mal est fait, il est irréparable, et les ultrà pardonneront difficilement à M. Fiévé d'avoir révélé cette vérité qui n'était que trop généralement sentie.

Au reste M. Fiévé, qu'on n'accusera point d'être jacobin, se permet de prendre autant de licences que les *libéraux* les plus déterminés. Par exemple, il dit expressément que pour faire des lois fortes et environnées du respect des citoyens, il ne suffit point d'avoir une majorité de quatre, cinq, ou même de dix-neuf voix, surtout lorsqu'on propose des lois impopulaires. Il dit que c'est toujours avec l'arbitraire légal qu'on fonde le despotisme; et il ajoute, avec raison, que, si la doctrine de la majorité justifiait tout, on aurait tort de s'élever contre les crimes de la révolution, même contre le *plus* grand de tous, qui a été sanctionné par la majorité.....

Un chapitre que j'ai trouvé assez curieux dans la brochure de M. *Fiévée*, est celui où il traite des *circonspeets*. Cette nouvelle appellation politique aurait sans doute besoin d'être définie pour un grand nombre de mes lecteurs ; mais je ne puis guère satisfaire leur curiosité à ce sujet. L'auteur de la *Correspondance politique et administrative*, ne s'explique pas très - clairement sur cette catégorie d'ultrà-royalistes. L'acception ordinaire du mot *circonspects* semblerait annoncer des hommes pusillanimes ; on croirait que ce sont des ultrà mitigés ; mais voici l'idée qu'en donne M. Fiévée autant que je puis m'en souvenir : ce sont des hommes peu connus, qui ne font pas beaucoup de bruit, mais qui, en revanche, se donnent beaucoup de mouvement. M. Fiévée dit qu'ils étaient en assez grand nombre à la chambre de 1815. Cependant leur influence n'est pas grande dans l'enceinte du palais du corps législatif; rarement ils montent à la tribune, mais ils se dédommagent du silence qu'ils gardent à la chambre, dans des comités particuliers, où leurs opinions sont autant d'oracles. Leur grande affaire est de courir les salons et les antichambres ; ce sont eux qui se chargent toujours de négocier avec les ministres pour les convertir et les ramener à la voie de salut.... Remarquez bien qu'ils tiennent des comités, et que ces comités se correspondent sur tous les points du royaume. M. Fiévée nous apprend que ces comités se mêlent de tout ce qui s'imprime dans la capitale, de sorte que si un homme de talent veut développer une opinion particulière qui ne paraisse pas orthodoxe à ces censeurs *circonspects* , une croix ou un autre signe quelconque avertit les affiliés de ne lire qu'avec la plus grande circonspection l'ouvrage noté par *le comité directeur*. M. Fiévée n'en dit pas davantage, et certes, j'en suis bien fâché, car ma curiosité avait été vivement aiguillonnée ; et puisqu'il offre de nous faire faire plus ample connaissance avec messieurs les *circonspects* , je crois que le public en sera bien aise , et pour ma part j'en serai enchanté.

Des lecteurs malins chercheront peut-être à faire des rapprochemens entre les comités dont parle M. Fiévée, et ceux que signale le conseiller de la cour de Nîmes. Quant à moi, je ne trouve aucune analogie entre les *circonspects* et les *implacables.* Les uns ont pris pour tâche de prêcher les ministres, de les attirer dans leur parti par de douces paroles et de belles promesses, et les autres les arrachent violemment du poste où ils sont placés. Aussi j'aimerais encore mieux croire à l'existence de deux comités qu'à l'identité des *implacables* et des *circonspects.*

Pour revenir à la brochure intitulée *Réflexions sur les trois premiers mois de la session de 1820,* quoique je ne partage pas les opinions de l'auteur, j'avouerai cependant qu'il y a de bonnes vérités. Mais pour résoudre la question de savoir si M. Fiévée a réellement abandonné les rangs des ultrà , la seule réponse que l'on puisse y faire, c'est que ce sont les ultrà qui ont abandonné les doctrines de M. Fiévée.

Art. 2.

Il est surprenant que la *Quotidienne* ou le *Drapeau blanc* n'aient point eu connaissance d'un procès qui s'instruit actuellement au tribunal de police correctionnelle de Montauban. C'eût été une bonne fortune pour les feuilles *anti-libérales* , qui auraient trouvé dans cette cause un sujet d'accuser la génération qui s'élève , cette génération perverse, qui semble avoir sucé avec le lait le germe pernicieux des idées libérales. Je crois devoir donner, pour l'édification de mes lecteurs, quelques détails sur cette intéressante affaire.

Plusieurs jeunes gens de la ville de Caussade, chef lieu de canton du département de Tarn et Garonne, firent une mascarade dans les derniers jours du carnaval. Ils avaient pris pour costume, de longues robes noires assez semblables à ces vieilles soutanes que portent les procureurs et les bedeaux de paroisse ; et leur coiffure avait à peu près la forme d'un *éteignoir.* De plus, l'un d'eux portait une bannière, sur laquelle on avait écrit pour devise : *Bêtise fait notre bonheur.* Pour déférer aux prières du maire, les masques avaient été déposés. Mais M. le curé de l'endroit, instruit de cette burlesque mascarade, prétendit que les jeunes gens de Caussade avaient eu l'intention de tourner en dérision un corps respectable, tel que celui des frères ignorantins. Enflammé d'une sainte colère, il court chez le commissaire de police, et de là sort un procès-verbal où l'on insinue, avec une charité vraiment évangélique, que trente ou quarante des paroissiens ont joué les saints mystères, et que, par une sacrilége profanation, ils ont parodié le sacrifice de la messe sur la place publique; et là-dessus, comme on peut se l'imaginer, on ne manque pas de crier à *l'abomination de la désolation,* etc.

Le procureur du roi, qui connaît la plupart de ces jeunes gens, ainsi que leurs familles, et qui connaît mieux que personne, les sentimens honnêtes qui les distinguent, était parvenu à assoupir cette affaire, qui lui avait été déférée; mais une seconde dénonciation ayant été faite au procureur-général, ce dernier a ordonné de poursuivre. Déjà quatre-vingts témoins ont été entendus. Il n'y a pas eu une seule déposition à la charge des prévenus. Comme on a fait des frais énormes, qu'on ne voudrait pas faire retomber sur le gouvernement, quarante autres témoins viennent d'être cités. C'est une dernière épreuve que l'on tente pour découvrir quelque culpabilité. Cette dernière tentative n'aura pas sans doute plus de résultat que celles qui l'ont précédée.

Art. 3.

Au moment où les ministres soumettent à l'investigation de la chambre et de la nation entière les comptes des finances de l'année qui vient de s'écouler , il ne me paraît pas hors de propos de publier un extrait du dernier volume des pensions pour 1818, que le hasard a fait tomber entre mes mains. Cet extrait se rapportera seulement aux pensions accordées aux membres de l'ancienne université , et prouvera que si le gouvernement n'a pasété prodigue envers eux , il a au moins été très-généreux , surtout en considérant l'époque difficile pour nos finances où elles ont été accordées , et le peu de services , d'efforts et de travail qu'il a fallu à chacun d'eux pour obtenir une pareille récompense. On jugera par le tableau ci-après , si l'assertion qu'a faite à la tribune M. Royer-Collard que l'instruction publique était faiblement rétribuée , est fondée , et si la faveur la plus étrange n'a pas présidé à la distribution faite à son égard.

Par an.

MM. Béquey, conseiller ordinaire de l'uiversité ,	3,000f.
De Jussieu, conseiller ordinaire ,	6,000
Delamalle, conseiller titulaire	6,000
Delcambre, trésorier de l'université	6,000
Delangeac de Lespinasse , conseiller ordinaire ,	6,000
Despeaux, conseiller ordinaire ,	6,000
Desrenandes , *id.*	6,000

39,000 fr.

. . . . *Report* . . . . 39,000 f.

    Fraissinous, membre de la commission de l'ins-
truction publique, ... 6,000

    Legendre, conseiller ordinaire de l'univer-
sité, ... 6,000

    Lemoine, inspecteur de l'académie de Paris, 4,000

    Leprevost d'Iray, inspecteur général de l'uni-
versité, ... 3,000

    Marignas, inspecteur général de l'université, 6,000

    Nougarède de Fayel, conseiller titulaire,   5,000

    Pictet, inspecteur général,   6,000

    De Beausset, conseiller titulaire,   6,000

    De Bonald,   *id.*   6,000

                    Total   87,000 f.

Cette somme de 87,000 francs de pensions est inscrite depuis le premier septembre 1817 jusqu'au premier octobre 1818, et accordée à seize individus qui l'ont gagnée à bon marché; car l'université n'a pas plus de douze ans d'existence. Quand on pense que dans les plus hauts emplois de la magistrature, et dans les grades les plus élevés de l'armée, on ne peut obtenir de semblables pensions qu'après de longues années ou des services extra-ordinaires, ou des infirmités graves contractées dans l'exercice de ses fonctions, on se demande quelles sont les causes secrètes qui peuvent avoir déterminé le gouvernement à en accorder d'aussi considérables à ces messieurs. On ne doit pas s'étonner ensuite si nos contributions sont plus fortes que jamais, quoique nous soyons plus pauvres et que nous n'ayons, en apparence, jamais eu moins de besoins. Le peuple ne peut pas être heureux quand il est obligé de payer et d'entretenir tant de gens inutiles.

Si l'on parcourait les dix volumes de pensions précédentes, on trouverait sans doute bien d'autres sommes aussi largement distribuées.

M. Despeaux est mort , M. l'abbé Fraissinous n'a été à l'instruction publique que peu de temps. Il a donné sa démission parce que vraisemblablement il ne voulait pas se trouver avec des laïcs et un protestant. Serait-ce donc pour l'encourager dans ses prédications qu'on lui aurait accordé une pension de 6,000 fr. M. de Beausset est dans le même cas.

Art. 4.

La pétition d'un courageux magistrat de Nîmes , la mémorable discussion à laquelle elle a donné lieu dans la chambre, les témoignages imposans qu'elle a provoqués, viennent , enfin, d'appeler toute l'attention publique sur les atroces projets de cette faction héréditaire qui a déposé, chassé ou fait périr vingt et un rois de France , de cette faction toujours *populicide* et dévorante , dont la cupidité et l'orgueil effrénés n'ont cessé de faire couler le sang (le plus souvent par torrens) ou de travailler à la dévastation et à la ruine de la France, pour l'asservir, s'enrichir ou se venger.

L'honorable député du Cher, M. *Deveaux* a déchiré le voile sous lequel la faction se tient caché depuis cinq ans ; mais il n'a pu tout dire , pour essayer de porter , après lui une nouvelle lumière sur des trames qu'il n'aurait pu détailler suffisamment à la tribune nationale. J'extrairai quelques passages d'un manuscrit, ayant pour titre : *Essais historiques sur la conjuration permanente de l'aristocratie héréditaire en France* (1).

____

(1) Par l'auteur des Trois règnes de l'histoire d'Angleterre. La deuxième édition de cet ouvrage sera incessamment publiée par Brissot-Thivars, rue des Petits-Champs, n° 22.

Avant d'expliquer comment la faction dont il a tracé l'histoire, parvint à égarer et irriter le peuple contre Louis XVI, comment elle irrita celui-ci contre le peuple, et rendit tout raccommodement, entre eux, impossible, l'auteur s'exprime ainsi :

« Dire ce qu'elle fit à cette fatale époque, ce sera dire ce qu'elle a fait depuis, ce qu'elle fera toutes les fois qu'elle trouvera son avantage dans les malheurs et les désordres de la France ».

« Mais établissons d'abord les différences extrêmement remarquables de la position du parti populaire et de la faction héréditaire des défenseurs des libertés nationales et de leurs ennemis-nés.

« L'aristocratie exerçait seule, de temps immémorial, toute la haute puissance sacerdotale, civile et militaire, ainsi que l'influence sociale et de famille. Elle jouissait de tous les honneurs, de tous les genres de prépondérance, de considération générale et individuelle. Le génie, le courage, le plus haut mérite étaient obligés *de descendre jusqu'à l'anoblissement* pour obtenir un rang à côté de la sottise, de l'ignorance, de l'oisiveté orgueilleuse.

« Les princes et les courtisans étaient habitués à faire parade de leurs vices, de leurs déréglemens ; et les plus vils instrumens, les plus méprisables complices de leur corruption *s'honoraient*, tiraient autant de vanité que de profit de leurs services les plus abjects : les mœurs des grands étaient la honte du siècle ».

« Au contraire, chez les plébéiens, le moindre égarement, la plus légère inconduite, étaient poursuivies par le mépris et le déshonneur ».

« Rien ne pouvait avilir les grands ; rien ne pouvait, à leurs yeux, élever un plébéien à leur niveau ».

« Les usages du monde, les préjugés les plus absurdes, avaient établi une ligne de démarcation, au-dessous de laquelle les uns ne pouvaient pas plus descendre par la sottise ou l'immoralité, même la plus révoltante, que les autres ne pouvaient la franchir par le génie, le mérite, et les vertus ».

« Tel était le despotisme des antiques habitudes ». La dissolution effrénée de la cour de Louis XIV et de la régence, les saletés de la cour de Louis XV, la tyrannie de de l'orgueil aristocratique, le long avilissement du peuple avient mis le vice en honneur, détrôné la vertu, faussé le jugement public, renversé toutes les notions du juste et de l'injuste, et *ennobli* le déshonneur. Enfin le plus louable, le plus sublime des sentimens, l'amour de la patrie n'était plus considéré que comme une illusion, et le vain roman de l'antiquité. *Patriote* et *rébelle* étaient devenus des expressions synonymes.

« C'est encore ainsi que depuis le rétablissement de l'aristocratie héréditaire, la trahison *avouée*, la délation, le pillage, le vol sur les grandes routes, le massacre des habitans paisibles, les crimes les plus horribles pourvu qu'ils aient été commis *dans l'intérêt de la faction*, sont réputés actes de courage, d'héroïsme, de fidélité et de vertu.

« C'est ainsi que les plus mémorables faits d'armes, et le plus sublime dévouement à la patrie, sont devenus des titres à une sorte de honte, ou à la haine de l'aristocratie et de la proscription ».

« C'est ainsi que les écrivains de la faction exploitent impunément la calomnie et l'outrage contre la nation et les individus, provoquent la guerre, aiguisent publiquement leurs poignards, reprennent les armes et les enseignes de l'assassinat, ou plutôt de l'égorgement, tandis que du côté des constitutionnels, toute manifestation de la vérité, tous vœu en faveur de la liberté, toute plainte de la part des victimes, tout discours ou écrit qui les expriment, sont poursuivis comme séditieux, comme pernicieux et subversifs de toute société ».

« C'est ainsi que la faction, ne prenant plus la peine de dissimuler, déclare hautement qu'elle ne voit, dans le peuple, que des machines humaines, qu'une vile matière née pour *travailler, souffrir, se taire*, et *respecter* la main qui les frappe ou les écrase ».

« Comment, en effet, toute cupidité à part, l'aristocratie héréditaire pouvait-elle pardonner au peuple une gloire, une illustration et gigantesque et immortelle, qui réduit au néant ou au ridicule les titres anciens dont elle s'enorgueillit, et relègue ses aïeux, ses *preux* tant vantés, au-dessous des moindres petits capitaines de notre âge ».

« On peut juger, par l'orgueil actuel des débris de l'aristocratie héréditaire, de sa force et de sa puissance, lorsqu'elle était soutenue par tant de préjugés depuis si long-temps enracinés qu'ils étaient devenus comme sacrés; on peut juger des moyens énormes que lui donnait sa position pour calomnier le peuple et rendre méprisable sa conduite; pour le trahir, l'égarer; et quel était le désavantage du parti plébéien, voué d'avance au mépris ; car ne savons-nous pas que l'aveuglement d'une portion de la masse populaire, allait jusqu'à regarder comme une rébellion criminelle le mouvement national qui avait pour but de reconquérir les libertés, immunités, et franchises , depuis long-temps *achetées* et *payées* aux rois par le *commun état* (les communes) et les droits légitimes imprescriptibles, éternels comme la morale, qu'auraient usurpés la ruse ou la violence.

« On voit enfin combien l'aristocratie avait des moyens d'avilir tout ce qu'il y avait de plus équitable et de plus

honorable sur la terre, l'amour de la patrie et de la liberté : combien il était facile à la faction des grands, qui
avait à ses ordres, tant de courreurs de fortune, tant
de bas valets, de complices déhontés, dans tous les rangs,
de pousser le peuple à des désordres et des excès aux-
quels ne l'excitaient que trop le souvenir de son abjection
politique, de ses longues et cruelles souffrances, et un
système obstiné, furieux, de résistance, d'orgueil im-
placable qui le forçait à ne considérer l'aristocratie que
comme un parti qui ne pouvait se corriger, et dont la des-
truction totale était devenue indispensable au repos de la
nation.

« L'histoire de tous les siècles a prouvé depuis long-
temps que la furie des révolutions populaires fut toujours
en proportion de la violence exercée par les grands, de
leur corruption, de leur orgueil, et de la perfidie ou de
la force de leur résistance.

En considérant donc la position malheureuse et mé-
prisée à laquelle l'aristocratie avait réduit le peuple,
combien elle l'avait blessé dans ses intérêts, irrité dans sa
fierté ; combien l'immoralité des grands avait fait de ra-
vages dans les mœurs, on sent à quelles terribles repré-
sailles le peuple devait être disposé contre des hommes
dont la conduite collective et distributive accroissait cha-
que jour la haine qui les poursuivait, et portait à l'excès
la crainte de retomber sous leur joug.

On voit combien d'instrumens de discordes de ven-
geances et de crimes la faction était assurée de trouver dans
les hommes qu'elle avait hériditairement corrompus ; combien d'assassins elle pouvait recruter parmi tant de proé-
taires voués tout à la fois à la plus crasse ignorance, à la
superstition et à la misère.

» Nous allons examiner maintenant quelles différences se trouvaient entre les intérêts des deux partis.

« Dans les rangs des patriotes on trouvait les plus nobles sentimens, cette exaltation, cet enthousiasme admirable, ce désintéressemen, que produit dans les belles ames l'amour de la liberté et de la patrie.

Mais les intérêts individuels, les vices ou les erreurs, les changemens rapides ou l'incapacité des chefs du parti national excluaient toute unité, tout concert *durable* dans les opérations.

Les ambitions rivales, les passions fougueuses se heurtaient, s'entre-déchiraient; le plus chaud dévouement restait souvent sans récompense. Le brillant ouvrage, le plus noble caratère, les actions les plus éminemment patriotiques excitaient la défiance, l'envie; et les titres les plus légitimes à la célébrité, à la reconnaissance, se changeaient trop souvent en titres de proscription.

» *Lafayette* proscrit, dépouillé de tous ses biens, poursuivi jusque dans les cachots d'Olmutz, par la furie des agens de la faction masqués en démagogues; l'éloquent *Vergniaux* et ses amis immolés sur l'échafaud; *Condorcet* expirant comme le plus obscur fugitif; *Lanjuinais hors de la loi*, durant près de deux ans.... Voilà quelques témoins parmi des milliers que je pourrais citer.

» Le triomphe du parti national ne pouvait avoir, pour résultat, que les avantages *généraux*; la nature même de ce triomphe excluant, dans les vainqueurs, tout avantage personnel, toute possibilité de gains individuels avoués par l'honneur.

En effet par cela même que le triomphe de la liberté devait tourner également *au profit de tous*, il ne devait favoriser personne en particulier; il n'y avait point de place pour l'ambition; car les emplois étaient électifs et de

courte durée ; pour la cupidité, car ils étaient à peine ré-
tribués.

« Voyons par opposition, ce qu'étaient les intérêts généraux ou personnels, dans la faction aristocratique.

« Là, il y avait unité, concert parfait. Les chefs n'a-
vaient ni rivaux ni proscription à redouter dans leur partie.
Leur système n'avait qu'un but qui ne pouvait varier,
puisqu'il se fondait sur la supériorité et la distribution
hiérarchique des rangs, de l'influence des races, ou de la
puissance réelle. Les droits du commandement, les devoirs
de l'obéissance étaient réglés, pour chacun, en quelque
place, ou quelque circonstance qu'il se trouvât.

» De là, la force et la consistance d'un faisceau de factieux si faible en nombre, en vertus, en courage, en talens.
De là, cette constance, cette obstination dans les plans,
même au sein des plus grands revers. De là, enfin, cette
uniformité dans les mesures, cet ensemble dans l'exé-
cution. . . . . »

Les bornes de cette brochure ne me permettent pas
d'étendre plus loin cet extrait ; mais il suffira sans doute
pour faire partager à mes lecteurs l'opinion où je suis, que,
dans la circonstance actuelle, l'ouvrage dont il s'agit jet-
tera un jour bien utile sur l'esprit, les desseins, et les
atroces machinations que MM. *Madier de Montjau* et *Deveaux*, ont dénoncés à la France et à l'Europe, dont les
cabinets méprisent profondément nos factieux ; bien que,
dans leur haine jalouse contre la France, ils en aient fait
leurs *facteurs*, et les remuent, les agitent dans notre sein
comme l'on fait de la lie dans un liquide que l'on veut
corrompre.

IMPRIMERIE DE MADAME JEUNEHOMME-CRÉMIÈRE,
RUE HAUTEFEUILLE, n°. 20.

www.ingramcontent.com/pod-product-compliance
Lightning Source LLC
Chambersburg PA
CBHW061851060726
47597CB00008B/3653